INVENTAIRE
S 33,493

BIBLIOTHÈQUE
CHRÉTIENNE ET MORALE,

APPROUVÉE

PAR MONSEIGNEUR L'ÉVÊQUE DE LIMOGES

In 12, 5e Série

Tout exemplaire qui ne sera pas revêtu de notre griffe sera réputé contrefait, et poursuivi conformément aux lois.

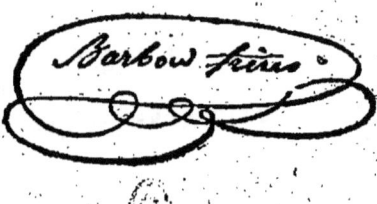

RÉCITS INSTRUCTIFS

SUR LES

MAMMIFÈRES

PAR

M. LE CHEVALIER REGLEY

LIMOGES

BARBOU FRÈRES, IMPRIMEURS-LIBRAIRES.

PREMIÈRE LEÇON.

Les enfants de M. Richard s'empressèrent, à l'heure indiquée, de se réunir dans le cabinet de leur excellent père, qui avait dû disposer toutes sortes de gravures concernant les mammifères, et, après s'être félicités mutuellement de leur exactitude, Elie disait à Silvie :

— Je crois véritablement que papa nous fait des compliments sur notre assiduité à l'écouter pour nous encourager à l'entendre jusqu'au bout ; il est vraiment trop bon. Je ne vois pas là un grand mérite, à apprendre ce qui amuse en s'instruisant ; je ne regarde pas ces leçons comme un travail, mais plutôt comme une récréation à laquelle je me laisse aller volontiers.

SILVIE.

Tu as bien raison : c'est pour moi le meilleur moment de la journée ; c'est un plaisir que je partage bien avec toi, et, depuis que cette étude de la nature nous occupe, je me sens tout autre. Tous ces animaux qui nous entourent m'intéressent ; je sais maintenant qu'ils ont les mêmes sensations que nous ; l'instinct des insectes ne le cède en rien à l'instinct et à l'intelligence des oiseaux, et l'histoire des autres animaux supérieurs, que papa nous promet, m'inspire une curiosité telle que je préférerais le plaisir de l'entendre à toutes les récréations qui me seraient offertes.

ÉLIE.

Je suis parfaitement de ton avis, ma chère petite sœur, et je n'ai peur que d'une chose : c'est que lorsque les descriptions des quadrupèdes et des mammifères seront épuisées, notre bon père ne veuille plus continuer à nous apprendre encore quelque autre chose.

SILVIE.

Peut-être ! Plusieurs fois je l'ai surpris nous préparant d'autres leçons, et je ne serais pas étonnée qu'après l'histoire naturelle, il n'ait la bonté de nous proposer des leçons de physique et de chimie.

ÉLIE.

Quel bonheur si cela pouvait être! je sais que ce sont des sciences bien curieuses; puis il serait si doux de pouvoir nous dire un jour, lorsque nous serions bien instruits : C'est notre bon père qui nous a appris tout cela.

SILVIE.

Allons donc bien vite lui demander l'histoire des mammifères ; je crois que c'est par elle qu'il doit commencer.

Les deux aimables enfants allèrent trouver bien vite M. Richard, qui les attendait effectivement avec un gros volume de Buffon rempli de figures d'animaux de toute espèce.

— Arrivez, leur dit-il, mes chers enfants ; nous avons bien des choses à voir ensemble. Asseyez-vous là ; regardez bien toutes ces gravures et écoutez-moi ; car nous devons commencer par quelques généralités qui vous feront connaître l'organisation des mammifères, par lesquels nous allons débuter.

ÉLIE.

Le fait est qu'ils me semblent devoir être organisés bien autrement que les reptiles et les oiseaux, quoiqu'ils soient tous des vertébrés.

M. RICHARD.

Sans doute. Les caractères variables qui établissent les diversités essentielles des mammifères entre eux sont pris des organes du toucher, d'où dépend leur plus ou moins d'habileté ou d'adresse, et des organes de la manducation, qui déterminent la nature de leurs aliments, et entraînent après eux non-seulement tout ce qui a rapport à la fonction digestive, mais encore une foule d'autres différences relatives même à l'intelligence.

SILVIE.

Comment peuvent-ils jouir du toucher ? Par exemple, je vois là des bœufs qui n'ont pas de doigts aux pieds.

M. RICHARD.

Dans plusieurs espèces, la perfection des organes du toucher s'estime d'après le nombre et la mobilité des doigts, et d'après la manière plus ou moins profonde dont leur extrémité est enveloppée dans l'ongle ou dans le sabot, qui émousse le tact et rend le pied incapable de saisir.

» L'extrême opposé est quand un ongle formé d'une seule lame, ne couvre qu'une des surfaces du bout du doigt, et laisse à l'autre face toute sa délicatesse.

» Le régime ou le genre de nourriture se juge par les dents mâchelières, à la forme desquelles répond toujours l'articulation des mâchoires.

ÉLIE.

Alors on connaît aux dents ce que mange un animal?

M. RICHARD.

Oui, mon ami : pour couper de la chair, par exemple, il faut des mâchelières tranchantes comme une scie, et les mâchoires serrées comme des ciseaux, qui ne puissent que s'ouvrir et se fermer

» Pour broyer des grains et des racines, il faut des mâchelières à couronnes plates, et des mâchoires qui puissent se mouvoir horizontalement; il faut encore, pour que la couronne de ces dents soit toujours inégale comme une meule, que sa substance soit formée de parties inégalement dures, et dont les unes s'usent plus vite que les autres. Les bœufs, dont tu parlais tout à l'heure, Silvie, qui ont le toucher si obtus, ainsi que tous les animaux à sabot, sont de nécessité herbivores, ou à couronnes des mâchelières plates, parce que leurs pieds ne leur permettraient pas de saisir une proie vivante.

» Les animaux à doigts onguiculés sont, au contraire, susceptibles de plus de variétés; il y en a de tous les régimes, et, outre la forme des mâchelières, ils diffèrent encore beaucoup entre eux par la mobilité et la dé licatesse de leurs doigts. On a surtout observé, à cet égard, un caractère qui influe prodigieusement sur l'adresse, et multiplie leurs moyens d'industrie : c'est la faculté d'opposer le pouce aux autres doigts pour saisir les plus petites choses, ce qui constitue la main proprement dite; faculté qui est portée à son plus haut degré de perfection dans l'homme, où l'extrémité antérieure tout entière est libre, et peut être employée à la préhension.

» Ceci posé, vous voilà fixés pour reconnaître les divers ordres des animaux supérieurs, tous classés d'après ces différences : le toucher, le régime, autrement dit la sensibilité des pieds et des pattes, et le genre de nourriture. Nous allons commencer par les ruminants : c'est l'ordre peut-être le plus naturel et le mieux déterminé de la classe;

car ces animaux ont l'air d'être presque tous construits sur le même modèle, et les chameaux seuls présentent quelques exceptions aux caractères communs.

» Le nom de ruminant indique la faculté singulière de ces animaux, de mâcher une seconde fois les aliments, qu'ils ramènent dans la bouche après une première déglutition, faculté qui tient de la structure de leurs estomacs. Ils en ont toujours quatre, dont les trois premiers sont disposés de façon que les aliments peuvent entrer à volonté dans l'un des trois, parce que l'œsophage aboutit au point de communication.

» Les ruminants sont de tous les animaux ceux dont l'homme tire le plus de parti; il peut manger de tous, et c'est même d'eux qu'il tire presque toute la chair dont il se nourrit. Plusieurs lui servent de bêtes de somme ; d'autres lui sont utiles par leur lait, leur suif, leur cuir, leurs cornes et d'autres productions.

» Voyez les bœufs, par exemple; ils ont les cornes dirigées de côté et revenant vers le haut ou en avant, en forme de croissant; ce sont d'ailleurs de grands animaux à mufle large, à taille trapue, à jambes robustes. De quelle utilité ils ne sont pas pour l'homme, qui s'en sert pendant leur vie, et ne laisse rien perdre de leur corps, depuis les cornes jusqu'aux sabots, après leur mort !

» Il en est de même de l'aurochs des Allemands, du zubs des Polonais, du bison des anciens. Ce dernier passe d'ordinaire, mais à tort, pour la souche sauvage de nos bêtes à cornes : il s'en distingue par son front bombé, plus large que haut; par l'attache de ses cornes, par la hauteur de ses jambes, par une paire de côtes de plus, par une sorte de laine crépue qui couvre la tête et le cou du mâle, et lui forme une barbe courte sous la gorge; par sa voix grognante. C'est un animal farouche, réfugié aujourd'hui dans les grandes forêts de la Lithuanie et du Caucase, mais qui vivait autrefois dans toute l'Europe tempérée; c'est le plus grand des quadrupèdes propres à l'Europe.

SILVIE,

En voici encore un autre qui ressemble un peu au bœuf.

M. RICHARD.

C'est le buffle du Cap; il a les cornes très-grandes, dirigées de côté et en bas, remontant de la pointe, aplaties et tellement larges à leur base, qu'elles couvrent presque tout le front, ne laissant entre elles qu'un espace triangulaire, dont la pointe est en haut. C'est un très-grand animal, d'un naturel excessivement féroce, qui habite les bois de la Cafrerie.

» Vous pouvez voir qu'il y en a plusieurs espèces : le bœuf musqué d'Amérique, le yack ou vache grognante de Tartarie, le buffle ordinaire, le bison d'Amérique; tous font partie du genre bœuf. Vous les connaissez assez pour que nous ne nous arrêtions pas davantage sur leurs mœurs. Les bœufs sauvages peuvent être terribles et féroces, mais nos bœufs domestiques sont doux comme des agneaux, et se laisse conduire par un enfant.

SILVIE.

En parlant d'agneaux, voici les moutons, je les reconnais.

M. RICHARD.

Oui, ce sont eux; ils ont les cornes dirigées en arrière, et rarement plus ou moins en avant en spirale.

» Voici le mouflon d'Afrique : il a le poil roussâtre, doux, avec une longue crinière pendante sous le cou, et une autre pendante aussi au poignet; la queue est courte. Le mouflon habite les contrées rocailleuses de la Barbarie; c'est de lui ou de l'argoli de Sibérie que l'on croit pouvoir dériver les races de nos bêtes à laine, animaux qui, après le chien, sont soumis à plus de variétés.

Le mouflon de Sardaigne, le mouflon d'Amérique, sont rangés dans ce genre.

SILVIE.

Voici les chèvres; mais elles ne ressemblent guère aux moutons.

M. RICHARD.

Aussi les sépare-t-on. On les reconnaît à leurs cornes, dirigées en haut et en arrière; leur menton est généralement garni d'une longue barbe; leur lait est excellent. Nous avons aussi l'ægagre ou chèvre sauvage, qui paraît être la souche de toutes les variétés de nos chèvres domestiques. Elle habite en troupes les montagnes de la Perse, où elle est connue sous le nom de paseng; on la trouve aussi dans les Alpes. Le bézoard oriental est une concrétion que l'on trouve dans ses intestins.

» Les boucs et les chèvres domestiques varient beaucoup pour la taille, pour la couleur, la longueur et la finesse du poil. Les chèvres d'Angers ont le poil le plus doux et le plus soyeux. Celles du Thibet sont devenues célèbres par la laine d'une admirable finesse qui croît entre leurs poils, et dont on fabrique les cachemires. Il y a, dans la Haute-Egypte, une race poil ras. Les chevres de Guinée, dites mambrines et de Juida, sont très-petites et ont les cornes couchées en arrière. Tous ces animaux sont robustes, capricieux, vagabonds, tiennent de leur origine montagnarde, aiment les lieux secs et sauvages, et se nourrissent d'herbes grossières ou de pousses d'arbustes. On ne mange guère que le chevreau, et encore sa chair a-t-elle un goût particulier, qui ne plaît pas à tout le monde.

» Le bouquetin, le bouquetin du Caucase, appartiennent au genre des chèvres.

ELIE.

En voici de toutes sortes d'espèces, avec des cornes de toutes les façons.

M. RICHARD.

Ce sont les antilopes, qui ont la substance de leurs naseaux osseuse, solide et sans pores, ni sinus, comme le bois des cerfs; elles ressemblent d'ailleurs, pour la plupart, aux cerfs par les larmiers, par la légèreté de leur taille et par la vitesse de leur course. C'est un genre très-nombreux, qu'on a été obligé de subdiviser, principalement d'après la forme des cornes.

» Celui-ci a deux cornes lisses : c'est le chamois, le seul ruminant de l'occident de l'Europe que l'on puisse comparer aux antilopes; il a cependant des caractères particuliers. Ses cornes, droites, ont leurs pointes subitement courbées en arrière, comme un hameçon derrière chaque oreille; sous la peau est un sac qui s'ouvre en dehors par un petit trou. C'est peut-être ce trou qui avait fait dire aux anciens que les chèvres respiraient par les oreilles. La taille du chamois est celle d'une grande chèvre. Il a le pelage brun foncé, avec une bande noire descendant de l'œil vers le museau.

» Il court avec la plus grande agilité parmi les rochers escarpés, et se tient en petites troupes, dans la région moyenne des plus hautes montagnes.

» Celui-ci est le gnou ou niou, animal fort extraordinaire, qui semble, au premier coup d'œil, un monstre composé de parties de différents animaux : il a le corps et la croupe d'un petit cheval, couverts de poils bruns; la queue garnie de longs poils blancs, comme celle du cheval, et sur le cou une belle crinière redressée, blanche à sa base, noire au bout des poils. Ses cornes, rapprochées et élargies à leur base comme celles du buffle du Cap, descendent de dehors, et remontent par leur pointe ; son mufle est large, aplati et entouré d'un cercle de poils saillants sous sa gorge, et sous son fanon court une seconde crinière noire; ses pieds ont toute la légèreté de ceux du cerf; les deux sexes ont des cornes.

» Cet animal vit dans les montagnes du nord du Cap, où il paraît assez rare, et cependant les anciens paraissent en avoir eu connaissance. Nous allons passer rapidement sur toutes ces bêtes cornues, que je vais nommer en tournant les feuillets de ce livre de gravures.

» En voilà une à quatre cornes ; elle appartient à une division nouvellement découverte dans les Indes : c'est le tchica, de la taille du chevreuil, et d'un fauve uniforme.

La femelle n'a point de cornes. On le trouve dans les forêts de l'Indoustan.

» Ensuite vous en trouverez d'autres avec des cornes fourchues et creuses : c'est l'antilope furcifère ;

» D'autres à cornes à arête spirale : ce sont le canna, puis le coudous, de la taille du cerf.

» Celles-ci ont les cornes annelées à courbure simple : c'est l'antilope bleue, puis l'antilope chevaline, gris roussâtre, tête brune, une tache blanche au-devant de chaque œil. Encore ici, l'antilope laineuse du Cap, avec de petites cornes ; puis l'antilope plongeante, le sauteur des rochers, la grimme, le gouvei, et plusieurs autres enfin ayant les cornes plus ou moins longues ou recourbées.

» Enfin voici la gazelle ; elle a les cornes rondes, grosses, noires ; la taille et la forme élégante du chevreuil, le pelage fauve, clair dessus, blanc dessous, une bande brune le long de chaque flanc, un bouquet de poils à chaque genou, une poche profonde à chaque aine. Elle vit dans le nord de l'Afrique en troupes innombrables, qui se mettent en rond quand on les attaque, et présentent des cornes de toutes parts. C'est la pâture ordinaire du lion et de la panthère. La douceur de son regard fournit des images nombreuses à la poésie galante des Arabes ; on dit même, en France, d'une belle femme qui a de beaux yeux, qu'elle a des yeux de gazelle.

» La corine, le kevel, le dserec des Mogols, le springbock, le scriga, le nanguer, sont placés dans cette division

» Nous avons à peu près fini avec les antilopes ; passons à une autre espèce.

SILVIE.

Ce sont toujours des ruminants ?

M. RICHARD.

Certainement. Nous allons commencer par la girafe. Elle a pour caractère, dans les deux sexes, des cornes coniques, toujours recouvertes par une peau velue, et dont les poils ne tombent jamais. Leur naseau, osseux, est articulé, dans la jeunesse, par une suture sur le frontal. Cet animal est d'ailleurs un des plus remarquables qui existent par la longueur de son cou, et par la hauteur disproportionnée de ses jambes de devant : vous l'avez vu au Jardin-des-Plantes.

» On n'en connaît qu'une espèce, confinée

dans les déserts de l'Afrique, à pelage ras, gris, tout parsemé de taches anguleuses fauves, avec une petite crinière grêle et fauve. C'est le plus élevé de tous les animaux, car sa tête se trouve à dix-huit pieds du sol. Il est d'un naturel doux et se nourrit de feuilles d'arbres. Les Romains ont eu des girafes à leurs jeux ; les relations récentes avec l'Égypte en ont procuré, depuis peu, à divers souverains de l'Europe.

ÉLIE.

A la bonne heure ! j'aperçois le roi des forêts. Quelles jambes fines !

M. RICHARD.

Oui, ce sont les cerfs ; ce sont encore des ruminants ; leur tête est ornée de bois, mais, si on excepte l'espèce du renne, les femelles en sont toujours dépourvues. La substance de ce bois, quand il a acquis tout son développement, est un os très-dense, sans pores ni sinus ; sa figure varie beaucoup, selon les espèces, et même dans chaque espèce, selon l'âge. Les cerfs sont des animaux très-rapides à la course, vivant généralement, dans les forêts, d'herbes, de feuilles, de bourgeons d'arbres, etc.

» Voici l'élan : c'est un animal recherché, grand comme un cheval, et quelquefois davantage ; à jambes élevées, à museau cartilagineux et renflé. Il a une espèce de goître ou de pendeloque, diversement configuré, sous la gorge. Le bois du mâle, d'abord en dague, ensuite divisé en lanières, prend, à l'âge de cinq ans, la forme d'une lame triangulaire dentelée au bord externe, et portée sur un pédicule. Il croît avec l'âge jusqu'à peser cinquante à soixante livres.

» L'élan habite, en petites troupes, les forêts marécageuses du nord des deux continents; sa peau est précieuse pour les ouvrages de chamoiserie.

SILVIE.

Ceux-ci ne sont-ils pas ces petits animaux dont les Lapons se servent comme d'un cheval?

M. RICHARD.

Effectivement, c'est le renne : Il n'est pas si petit que tu veux bien le dire, mais, au contraire, grand comme un cerf; il n'habite que les contrées glaciales des deux continents. Cet animal est célèbre par le service qu'en tirent les Lapons qui en ont de nombreux troupeaux; ils les conduisent l'été dans les montagnes de leur pays, les ramènent l'hiver dans les plaines, en font leurs bêtes de somme et de trait, mangent leur chair, leur lait, et se vêtent de leur peau.

» Nous avons aussi le daim, le cerf commun, le cerf du Canada, celui de la Louisiane ou de la Virginie, le cerf tacheté, le chevreuil d'Europe, des Indes, de Tartarie : tous appartiennent au même genre.

» On a placé aussi les chevrotains dans cet ordre, parce qu'ils ne diffèrent des ruminants ordinaires que par l'absence de cornes, par une longue canine de chaque côté de la mâchoire supérieure qui sort de la bouche dans les mâles. Ce sont des animaux charmants par leur élégance et leur légèreté. De ce nombre est le musc.

SILVIE.

Qu'est-ce que cette poche qu'il a sous le ventre ?

M. RICHARD.

Tu vas le savoir. Le musc est l'espèce la plus célèbre ; il est grand comme un chevreuil, presque sans queue. Il est tout couvert de poils, si gros et si cassants qu'on pourrait presque leur donner le nom d'épines. Ce qui fait surtout remarquer ce petit animal, c'est cette poche placée sous le ventre du mâle, et qui se remplit d'une substance odorante si connue en médecine et en parfumerie sous le nom de musc.

» Cette espèce est propre à la région âpre et pleine de rochers d'où descendent la plupart des fleuves de l'Asie, et qui s'étend entre la Sibérie, la Chine et le Thibet ; sa vie est nocturne et solitaire, et sa timidité extrême.

ÉLIE.

Ah ! ah ! j'aperçois ces vilains chameaux, avec leurs bosses sur le dos et leurs jambes mal bâties. Je n'aime pas ces bêtes-là.

M. RICHARD.

Ils ont leurs qualités. Ces bosses sont des loupes chargées de graisse. Ils ont les deux doigts du pied réunis en dessous, près de la pointe, par une semelle commune. Ce sont des animaux de l'ancien monde ; on en connaît deux espèces.

SILVIE.

N'est-ce pas dans les déserts seulement qu'ils sont utiles ?

M. RICHARD.

Oui, mon enfant : leur extrême sobriété,

et la faculté qu'ils ont de passer plusieurs jours sans boire, les rendent très-précieux, et les ont fait appeler les navires du désert.

ÉLIE.

Quelle différence y a-t-il donc entre le dromadaire et le chameau ?

M. RICHARD.

Lorsque le chameau n'a qu'une bosse, on le nomme dromadaire ; c'est un animal non moins utile, qui s'est répandu de l'Arabie, dans tout le nord de l'Afrique, dans la Syrie et la Perse. Le dromadaire marche mieux que le chameau, est plus grand que lui, mais passe pour être moins sobre.

» Il y a aussi un autre chameau à deux bosses, originaire du centre de l'Asie.

» Restons-en là, mes chers enfants, en voilà assez pour aujourd'hui, et remettons à demain la définition du deuxième ordre, dit des pachydermes. »

DEUXIÈME LEÇON.

SILVIE.

Mon cher papa, que veut donc dire le nom barbare que tu as donné hier aux animaux que nous allons voir aujourd'hui : les pa-chy... pacha..? je ne me souviens pas.

ÉLIE.

Les pachydermes... Je me souviens du

mot, mais je ne sais pas ce que cela veut dire.

M. RICHARD.

Ce sont les animaux qui ne peuvent se servir de leurs pieds que pour se soutenir, et dont les doigts sont immobiles dans les sabots épais. Ces animaux ne ruminent pas.

ÉLIE.

Voilà qui est curieux : des doigts immobiles !

M. RICHARD.

Mais, mon ami, tu les rencontres tous les jours. On les appelle solipèdes parce qu'ils n'ont qu'un doigt apparent et un seul sabot à chaque pied, quoiqu'ils portent sous la peau de chaque pied ou plutôt de chaque côté de leur métarpe et de leur métatarse, deux stylets qui représentent deux doigts.

SILVIE.

Je ne comprends pas quel peut être cet animal que nous rencontrons tous les jours...

M. RICHARD.

Comment ! vous ne devinez pas ! C'est le cheval, c'est même le seul de ce genre ; oui, le cheval, ce noble animal qui accompagne son maître à la chasse, à la guerre, dans les travaux de l'agriculture, des arts et du commerce : c'est le plus important, et le mieux soigné des animaux que nous ayons soumis Il paraît qu'il n'existe plus à l'état sauvage que dans les lieux où on a laissé en liberté des chevaux auparavant domestiques, comme en Tartarie et en Amérique ; ils y vivent en troupes, conduits et défendus par un vieux mâle.

» Tout le monde sait à quel point cet animal varie par la couleur et par la taille ; les principales races ont même des différences sensibles dans la forme de la tête, dans les proportions, et se caractérisent chacune de préférence par les divers emplois.

» Les plus sveltes, les plus rapides, sont les chevaux arabes, qui ont aidé à perfectionner la race espagnole, et contribué, avec celle-ci, à former la race anglaise; les plus gros et les plus forts viennent des côtes de la mer du Nord ; les plus petits, du nord de la Suède et de la Corse. Les chevaux sauvages ont la tête grosse, le poil crépu et des proportions peu agréables.

» Je n'en dirai pas davantage sur un animal si connu, et si utile à l'homme.

SILVIE.

Voilà, à la suite, dans tes gravures, ce

pauvre animal que nous connaissons bien aussi, et que notre bon La Fontaine appelle maître aliboron.

M. RICHARD.

C'est l'âne. Il n'est pas beau, mais il a d'autres qualités dont l'homme use et abuse souvent. Il y en a plusieurs espèces : d'abord l'âne originaire des grands déserts de l'intérieur de l'Asie; il s'y trouve encore à l'état sauvage, en troupes innombrables. Chacun connaît sa patience, sa sobriété, son tempérament robuste et les services qu'il rend aux pauvres cultivateurs de la campagne. On place dans cette race et dans cet ordre, avec le cheval, le zèbre, le canagga, le dauw, qui sont tous de la famille des solipèdes.

SILVIE.

Quels sont ceux-ci, qui me paraissent si mal peignés ?

M. RICHARD.

Ce sont encore des pachydermes. Celui-ci est le tapir d'Amérique, il reste à l'état sauvage; il est de la taille d'un petit âne, et a la peau brune, presque nue; la queue médiocre, le cou charnu, formant comme une crête sur la nuque. Il est commun dans les lieux humides et le long des rivières des contrées chaudes de l'Amérique méridionale. On y mange sa chair.

» Ses petits sont tachetés de blanc comme les faons des cerfs. Depuis quelques années, il a été découvert, dans l'ancien continent, une seconde espèce de tapir, qui ne diffère guère de la première : c'est le tapir de l'Inde. Il est seulement plus grand que celui d'Amérique, brun noir, à dos gris blanc; il habite les forêts de la presqu'île de Malaga.

ELIE.

Je reconnais celui-ci : c'est le rhinocéros; il est énorme, et son aspect a quelque chose de terrible.

M. RICHARD.

Oui, ce sont des rhinocéros. Ces animaux sont, en effet, très-grands, et ont chaque pied divisé en trois doigts. Ils portent sur le nez, dont les os sont très-épais et réunis en une sorte de voûte, une corne adhérente à la peau, d'une substance fibreuse et cornée, comme si elle était composée de poils agglutinés. Leur naturel est stupide et féroce, ils aiment les lieux humides, vivent d'herbes et de branches d'arbres, ont l'estomac simple, les intestins fort longs.

» Il y a aussi le rhinocéros de l'Inde, qui, outre ses vingt-huit mâchelières, a deux fortes dents incisives à chaque mâchoire, et deux autres petites entre les inférieures, et deux plus petites encore en dehors des supérieures; il n'a qu'une corne, et sa peau est remarquable par des plis profonds qu'elle forme en arrière et en travers des épaules, en avant et en travers des cuisses. Il habite les Indes orientales, surtout au-delà du Gange.

» On connaît encore le rhinocéros de Java, de Sumatra et d'Afrique. Tous ces animaux ont la peau dure et si épaisse qu'elle résiste aux armes les plus puissantes de l'homme, même aux balles de nos fusils.

SILVIE.

Voici, sans doute, quant à la grosseur, le roi des animaux. N'est-ce pas l'éléphant? Quelle masse énorme!

M. RICHARD.

Il n'est pas beau non plus : c'est l'éléphant. Cette race comprend les plus grands mammifères terrestres. Le service étonnant qu'il tire de sa trompe, instrument agile et vigoureux, organe du tact et de l'odorat, contraste avec son aspect grossier et ses lourdes proportions ; il joint à une physionomie assez imposante des instincts particuliers, qui ont contribué à faire exagérer son intelligence. Cependant on a trouvé qu'elle était inférieure à celle du chien, et même de plusieurs autres carnassiers. D'un naturel d'ailleurs assez doux, les éléphants vivent en troupes, sous la conduite du plus vieux mâle. Ils ne se nourrissent que de végétaux.

L'éléphant des Indes a la tête oblongue, le front concave ; la couronne des mâchelières présente des rubans transverses, ondoyants, qui sont les coupes des lames qui les composent, usées par la trituration. Cette espèce a les oreilles petites, et porte quatre ongles aux pieds de derrière; elle habite depuis l'Indus jusqu'à la mer Orientale, et dans les grandes îles au midi de l'Inde. On prend, de temps immémorial, des individus pour les dresser et les faire servir de bêtes de trait et de somme; mais on n'a pu encore les propager en domesticité.

» L'éléphant d'Afrique a la tête ronde, les oreilles grandes : c'est l'espèce qui habite depuis le Sénégal jusqu'au Cap. On ne dompte plus aujourd'hui l'éléphant d'Afrique; mais il paraît que les Carthaginois en faisaient le même usage que les Indiens, lorsqu'ils s'en servaient pour faire de longs voyages, montés sur leur dos, et pour aller combattre leurs ennemis.

« Cet animal fournit ce bel ivoire, si poli, qui vient des défenses qu'il porte des deux côtés de ses mâchoires. Quant à lui personnellement, il est inutile pour nous. Ceux qu'on a retenus en captivité sont montrés comme un objet de curiosité. Il paraît très-attaché à l'homme qui prend soin de lui, et qu'on appelle cornac.

» Les éléphants font au pas ordinaire, à peu près autant de chemin qu'un cheval en fait au petit trot, et autant qu'un cheval au galop lorsqu'ils courent; ce qui, dans l'état de liberté, ne leur arrive guère que quand ils sont animés de colère ou poussés par la crainte. On mène ordinairement au pas les éléphants domestiques; ils font aisément et sans se fatiguer quinze ou vingt lieues par jour, et quand on veut les presser, ils peuvent en faire trente-cinq ou quarante. On les entend marcher de très-loin, et l'on peut aussi les suivre de très-près à la piste, car leurs traces ne sont pas équivoques, et dans les terrains où le pied marque, elles ont quinze ou dix-huit pouces de diamètre.

» Un éléphant domestique rend peut-être à son maître plus de services que cinq ou six chevaux ; mais il lui faut du soin, et une nourriture abondante et choisie. On lui donne ordinairement du riz cru ou cuit, mêlé avec de l'eau, et on prétend qu'il faut cent livres de riz pour qu'il s'entretienne dans sa pleine vigueur ; on lui donne aussi de l'herbe pour le rafraîchir, car il est sujet à s'échauffer, et il faut le mener à l'eau et le laisser baigner deux ou trois fois par jour. Il apprend aisément à se laver lui-même : il prend de l'eau dans sa trompe, il la porte à sa bouche pour boire, et ensuite, en retournant sa trompe, il en laisse couler le reste à flots sur toutes les parties de son corps.

» Pour donner une idée des services qu'il peut rendre, il suffira de dire que tous les tonneaux, sacs, paquets qui se transportent d'un lieu à un autre dans les Indes, sont voiturés par des éléphants : qu'ils peuvent porter des fardeaux sur leur corps, sur leur cou, leurs défenses, et même avec leur gueule, en leur présentant le bout d'une corde qu'ils serrent avec leurs dents. Joignant l'intelligence à la force, ils ne cassent ni n'endommagent rien de ce qu'on leur confie; ils font tourner et passer ces paquets du bord des eaux dans un bateau sans les laisser mouiller, les posent doucement, et les arrangent où l'on veut les placer; et quand ils les ont déposés dans l'endroit qu'on leur montre, ils essaient avec leur trompe s'ils sont bien situés, et quand c'est un ton-

neau qui roule, ils vont d'eux-mêmes chercher des pierres pour le caler et l'établir
solidement.

» Comme l'éléphant nage très-bien, et
s'enfonce dans l'eau moins qu'aucun autre
animal, on s'en sert très-utilement pour le
passage des rivières. Outre deux pièces de
canon de trois ou quatre livres de balle,
dont on le charge dans ces occasions, on
lui met encore sur le corps une infinité
d'équipages, indépendamment de quantité
de personnes qui s'attachent à ses oreilles
et à sa queue pour passer l'eau. Lorsqu'il
est ainsi chargé, il nage entre deux eaux,
et on ne lui voit que la trompe qu'il tient
élevée pour respirer.

» On se sert aussi de l'éléphant pour le
transport de l'artillerie sur les montagnes,
et c'est là que son intelligence se fait le

mieux sentir. Pendant que les bœufs attelés
à la pièce de canon font effort pour la tirer
en haut, l'éléphant pousse la culasse avec
son front, et, à chaque effort qu'il fait, il
tient l'affut avec son genou, qu'il place à la
roue : il semble qu'il comprenne ce qu'on
lui dit. Son conducteur veut-il lui faire faire
quelque corvée pénible, il lui explique de
quoi il est question, et lui détaille les raisons qui doivent l'engager à lui obéir. Si
l'éléphant marque de la répugnance à ce
qu'on exige de lui, le cornac promet de lui
donner de l'arac ou quelque chose qu'il aime,
alors l'animal se prête à tout; mais il est
dangereux de lui manquer de parole, plus
d'un cornac en a été la victime. Il s'est passé
à ce sujet dans le Dékan, un trait qui mérite
d'être rapporté, et qui, tout incroyable qu'il
paraît, est cependant exactement vrai. Un
éléphant venait de se venger de son cornac

en le tuant; sa femme, témoin de ce spectacle, prit ses deux enfants, et les jeta aux pieds de l'animal encore tout furieux, en lui disant : « Puisque tu as tué mon mari, ôte-moi aussi la vie, ainsi qu'à mes enfants. » L'éléphant s'arrêta tout court, s'adoucit, et, comme s'il eût été touché de regret, prit avec sa trompe le plus grand de ces deux enfants, le mit sur son cou, l'adopta pour son cornac et n'en voulut point souffrir d'autre.

Mais si l'éléphant est vindicatif, il n'est pas moins reconnaissant pour le bien qu'on lui a fait. Un soldat de Pondichéry, qui avait coutume de porter à un de ces animaux une certaine mesure d'arac chaque fois qu'il touchait la paye, ayant un jour bu plus que de raison, et se voyant poursuivi par la garde, qui le voulait conduire en prison, se réfugia sous l'éléphant et s'y endormit. Ce fut en vain que la garde tenta de l'arracher de cet asile; l'éléphant le défendit avec sa trompe. Le lendemain, le soldat, revenu de son ivresse, frémit, à son réveil, de se trouver sous un animal d'une grosseur si énorme; l'éléphant, qui, sans doute, s'aperçut de son effroi, le caressa avec sa trompe pour le rassurer, et lui fit entendre qu'il pouvait s'en aller.

» L'éléphant tombe quelquefois dans une espèce de folie qui lui ôte la docilité, et le rend même si redoutable qu'on est alors obligé de le tuer; mais tant qu'il est dans son état naturel, les douleurs les plus aiguës ne peuvent l'engager à faire du mal à qui ne lui en a pas fait. Un éléphant, furieux des blessures qu'il avait reçues à la bataille d'Hambourg, courait à travers champs et poussait des cris affreux. Un soldat qui, malgré les avertissements de ses camarades, n'avait pu fuir, peut-être parce qu'il était blessé, se trouva à sa rencontre; l'éléphant craignit de le fouler aux pieds, le prit avec sa trompe, le posa doucement de côté et continua sa route.

» C'est à M. de Bussy qu'on est redevable de ces détails sur l'éléphant, et son témoignage mérite d'autant plus de confiance que le long séjour qu'il a fait dans l'Inde l'a mis à portée de voir et d'observer ces animaux, dont il en avait même plusieurs à son service. MM. de l'Académie des sciences ont aussi laissé quelques faits qu'ils ont appris de ceux qui gouvernaient l'éléphant à la ménagerie de Versailles.

» L'éléphant, disent-ils, semble connaître quand on se moque de lui, et s'en souvenir pour s'en venger quand il trouve l'occasion. A un homme qui l'avait trompé, faisant semblant de lui jeter quelque chose dans la gueule, il lui donna un coup de sa trompe qui le renversa et lui rompit deux côtes; ensuite il le foula aux pieds et lui rompit une jambe, et s'étant agenouillé, lui voulut enfoncer ses dents dans le ventre, lesquelles n'entrèrent que dans la terre, aux deux côtés de la cuisse, qui ne fut point blessée. Il écrasa un autre homme, le froissant contre une muraille pour le même sujet. Un peintre le voulait dessiner dans une attitude extraordinaire, qui était de tenir sa trompe levée et la gueule ouverte; le valet du peintre, pour le faire demeurer en cet état, lui jetait des fruits dans la gueule, et le plus souvent faisait semblant d'en jeter; il en fut indigné, et comme s'il eût connu que l'envie que le peintre avait de le dessiner était la cause de ce cette importunité, au lieu de s'en prendre au valet, il s'adressa au maître et lui jeta par sa trompe une quantité d'eau, dont il gâta le papier sur lequel le peintre dessinait.

» Il se servait ordinairement bien moins de sa force que de son adresse, laquelle était telle qu'il s'ôtait, avec beaucoup de facilité, une grosse double courroie dont il avait la jambe attachée, la défaisant de la boucle et de l'ardillon; et comme on avait entortillé cette boucle d'une petite corde renouée à beaucoup de nœuds, il dénouait tout sans rien rompre. Une nuit, après s'être ainsi dépêtré de sa courroie, il rompit la porte de sa loge si adroitement que son gouverneur n'en fut point éveillé, de là passa dans plusieurs cours de la ménagerie, brisant les portes fermées et abattant la maçonnerie quand elles étaient trop petites pour le laisser passer, et il alla ainsi dans la loge des autres animaux ; ce qui les épouvanta tellement qu'ils s'enfuirent tous se cacher dans les lieux les plus reculés du parc.

» Enfin, pour ne rien omettre de ce qui peut contribuer à faire connaître toutes les facultés naturelles et toutes les qualités acquises d'un animal supérieur aux autres, nous ajouterons encore quelques faits tirés des voyageurs les moins suspects.

» L'éléphant, même sauvage (dit le P. Vincent Marie), ne laisse pas d'avoir des vertus ; il est généreux et tempérant, et quand il est domestique, on l'estime par sa douceur, sa fidélité envers son maître, son amitié pour celui qui le gouverne. S'il est destiné à servir immédiatement les princes, il connaît sa fortune et conserve une gravité convenable à son emploi ; si, au contraire, on le destine à des travaux moins honorables, il s'attriste, se trouble, et laisse voir qu'il s'abaisse malgré lui. A la guerre, dans le premier choc, il est impétueux et fier ; il est le même quand il est enveloppé par les chasseurs ; mais il perd le courage lorsqu'il est vaincu. Il combat avec ses défenses, et ne craint rien tant que de perdre sa trompe, qui, par sa consistance, est facile à couper. Au reste, il est naturellement doux ; il n'attaque personne, à moins qu'on ne l'offense ; il semble même se plaire en compagnie, et il aime surtout les enfants ; il les caresse et paraît reconnaître en eux leur innocence. »

« L'éléphant, selon François Pirard, est l'animal qui a le plus de jugement et de connaissance, de sorte qu'on le dirait avoir quelque usage de raison, outre qu'il est infiniment profitable et de service à l'homme. S'il est question de monter dessus, il est tellement souple, obéissant et dressé pour se ranger à la commodité de l'homme et à la qualité de la personne qui veut s'en servir, que, se pliant bas, il aide lui-même à celui qui veut monter dessus, et le soulage avec sa trompe. Il est si obéissant qu'on lui fait faire tout ce que l'on veut, pourvu qu'on le prenne par douceur. Il fait tout ce qu'on lui dit ; il caresse ceux qu'on lui montre, etc. »

« En donnant aux éléphants, disent les voyageurs hollandais, tout ce qui peut leur plaire, on les rend aussi privés et aussi soumis que le sont les hommes. On pourrait dire qu'il ne leur manque que la parole. Ils sont orgueilleux et ambitieux ; mais se souviennent du bien qu'on leur a fait, et ont de la reconnaissance, jusque-là qu'ils ne man-

quent point de baisser la tête pour marque
de respect en passant devant les maisons où
ils ont été bien traités. Ils se laissent conduire et commander par un enfant; mais ils
veulent être loués et chéris. On ne saurait se
moquer d'eux ni les injurier qu'ils ne l'en-
tendent, et ceux qui le font doivent bien
prendre garde à eux, car ils seront bien-
heureux s'ils ne sont pas arrosés de l'eau
des trompes de ces animaux, ou jetés par
terre, le visage contre la poussière. »

» Je peux terminer ici ce qui regarde les
pachydermes : ce que j'en ai dit suffira
pour faire distinguer cet ordre des autres
races.

ÉLIE.

Mon cher papa, hier tu nous parlais des
pachydermes ; je trouve dans ce livre des

animaux qui paraissent endormis sur les arbres, et semblent aplatis sur les branches.

M. RICHARD.

Ce sont les édentés, troisième ordre des mammifères. On comprend sous ce nom quelques genres d'animaux dont le caractère commun est de manquer de dents sur le devant des mâchoires; il en est même qui n'en ont aucune. Tous ont des ongles très-forts. Comme tous ces animaux sont étrangers à nos climats, nous ne ferons que jeter sur eux un coup d'œil rapide. Cet ordre se compose de deux familles. La première, celle des tardigrades, ne contient qu'un seul genre; ceux que tu vois sur ces arbres sont des paresseux. Ce sont, en effet, des animaux dont les mouvements sont lents, et qui, à cause de la longueur de leurs membres antérieurs, ne peuvent marcher qu'en se traînant sur le coude; aussi vivent-ils sur les arbres, dont ils mangent les feuilles.

» La seconde famille, celle des édentés ordinaires, à museau pointu, et sans canines, comprend les tatous, les oryctéropes, les fourmiliers, les pangolins.

» En voilà assez sur l'ordre des édentés, qui n'offrent qu'un médiocre intérêt.

SILVIE.

Voici cependant plusieurs feuilles toutes remplies de gravures de cette espèce.

M. RICHARD.

Dans un grand ouvrage comme celui de

M. de Buffon, il a fallu s'étendre sur chaque ordre, chaque espèce; dans mes leçons abrégées, au contraire, je ne veux que vous mettre en état de distinguer une race d'une autre. Cependant je veux vous parler en quelques détails des rongeurs, le quatrième ordre, qu'il ne faut pas confondre avec une autre espèce.

SILVIE.

Les voici, les rongeurs. Ciel! comme ils sont nombreux; des lièvres, des castors, des rats. Ah! cela ne m'étonne pas : les rats sont bien nommés, rongeurs.

M. RICHARD.

Tu vas savoir pourquoi. Le quatrième ordre comprend tous les rongeurs : ce sont des animaux pourvus de quatre ou cinq doigts onguiculés à tous les pieds, presque toujours de petite taille, et à membres postérieurs plus longs que les antérieurs; en sorte qu'ils sautent plutôt qu'ils ne marchent. Ils ont, à l'extrémité de chaque mâchoire, deux dents incisives très-fortes et très-longues, séparées des dents postérieures par un intervalle assez étendu. Il n'y a pas de canines; les incisives n'ont d'émail épais qu'en avant, de sorte que, leur bord postérieur s'usant plus par derrière, elles sont toujours naturellement taillées en biseau bien tranchant; elles leur servent à limer, à réduire en molécules déliées, en un mot, à ronger les substances dont ils se nourrissent. Elles croissent continuellement à mesure qu'elles s'usent du tranchant, et si l'une d'elles tombe ou se casse, celle qui lui est opposée, n'ayant plus rien qui la frappe et l'use, se développe alors au point de devenir monstrueuse.

ÉLIE.

Cette particularité est fort curieuse; sans cette explication, on ne comprendrait pas pourquoi cette dent isolée devient si énorme.

M. RICHARD.

C'est qu'on aurait ignoré que la dent s'use par le frottement, et surtout du côté où l'émail manque.

» Voici maintenant les lièvres. Ces animaux si connus ont un caractère très-distinctif, en ce que leurs incisives supérieures sont doubles, c'est-à-dire que chacune d'elles a une autre incisive plus petite. L'intérieur de leur bouche et le dessous de leurs pieds sont garnis de poils, comme le reste de leur corps. Les espèces en sont nombreuses et très-semblables entre elles.

» Disons un mot du lièvre commun. Tout le monde connaît cet animal, dont la chair, noire, est agréable et le poil utile; il vit isolé et ne fait pas de terrier, couche à plate terre, et se fait chasser en arpentant la plaine par de grands circuits. Il n'a pu encore être réduit en domesticité.

» Il y a encore le lièvre variable, qui se trouve sur les hautes montagnes du midi de l'Europe; puis le lapin, dont la chair est blanche et agréable. En domesticité, le lapin multiplie infiniment et prend des couleurs et des poils très-variés. Le lapin de Sibérie, le lapin d'Amérique, le lièvre d'Afrique, sont tous du même ordre.

SILVIE.

Qu'est-ce que je vois là, au milieu des rongeurs. Le petit porte-pique, sans doute celui qui disait au renard de la fable tourmenté par les mouches, qu'il voulait de ses dards les percer par centaines.

M. RICHARD.

Tu fais là deux erreurs : d'abord, on ne dit pas porte-pique, mais bien porc-épic; ensuite je crois que La Fontaine a voulu désigner le hérisson, ce qui n'est pas la même chose. Les porcs-épics dont il est question ici se font connaître au premier coup-d'œil par les piquants roides et pointus dont ils sont armés; comme les hérissons, qui sont des carnassiers. Ces animaux, les porcs-épics, vivent dans des terriers, et ont, seulement quant à plusieurs de leurs habitudes, beaucoup de rapport avec les lapins. Leur voix grognante, jointe à leur museau gros et tronqué, est ce qui les a fait comparer au porc, et leur a valu le nom qu'ils portent.

» Il y a aussi le porc-épic d'Italie, dont les piquants sont très-longs, annelés de noir et de blanc, une crête de longues soies occupe la nuque et la tête. Sa queue est courte et garnie de tuyaux tronqués et vides, suspendus à des pédicules minces, qui résonnent en se choquant quand l'animal les secoue.

ÉLIE.

Papa, j'aperçois les castors : il me tarde de savoir si ce qu'on dit d'eux est exact.

M. RICHARD.

Pas tout à fait. Écoutez-moi, vous allez le savoir. Les castors, que l'on distingue de tous les autres rongeurs par la queue aplatie horizontalement, de forme presque ovale et couverte d'écailles, ont cinq doigts à tous les pieds. Ceux de derrière sont réunis par des membranes; et il y a un ongle double et oblique à celui qui suit le pouce.

» Les castors sont d'assez grands animaux dont la vie est tout aquatique; leurs pieds et leur queue les aident également bien à nager. Comme ils vivent principalement d'écorces et d'autres matières dures, leurs incisives sont très-vigoureuses, et repoussent fortement de la racine à mesure qu'elles s'usent en avant; aussi s'en servent-ils pour couper toutes sortes de branches d'arbres. De grosses poches glanduleuses, qui aboutissent à la partie inférieure de l'abdomen, produisent une pommade d'une odeur forte, employée en médecine sous le nom de *castoréum*. Les deux sexes sont à peu près conformés de la même manière.

» Il y a aussi le castor du Canada, d'un brun roussâtre uniforme, haut d'un pied, mais d'une longueur assez variable, et généralement de deux pieds, sans compter la queue, qui a un pied. C'est de tous les mammifères celui qui met le plus d'industrie à construire sa demeure, à laquelle il travaille en société dans les lieux les plus solitaires du nord de l'Amérique.

» Lorsque les castors veulent fonder un établissement, ils choisissent des eaux assez profondes, afin qu'elles ne gèlent pas jusqu'au fond, et, autant qu'ils le peuvent, des eaux courantes. Ils soutiennent l'eau à une égale hauteur par une digue ou une chaussée qui va d'un bord à l'autre, et qu'ils fabriquent de toutes sortes de branches, mêlées de pierres et de limon. Quand ce travail est terminé, ils élèvent dans l'eau, sur une espèce de pilotis, et ordinairement près du rivage, des huttes construites de la même manière, quoiqu'avec moins de solidité, et qui servent chacune à une famille particulière, composée d'un nombre variable d'individus, mais ordinairement d'un mâle et d'une femelle adultes, et de plusieurs petits. Dans le cas où ils sont réduits à s'établir sur une eau dormante, ils se dispensent de faire cette digue, et travaillent de suite à leurs huttes. Elles ont deux étages : l'étage supérieur, à sec, où ils se tiennent ; l'inférieur, sous l'eau, pour les provisions d'écorce. Il n'y a que cet étage qui ait issue au dehors, au moyen d'une porte qui donne sous l'eau, sans communication avec la terre. Ils coupent le bois avec leurs incisives, fouillent la terre avec leurs pattes de devant, transportent avec ces pattes et avec leurs mâchoires leurs matériaux, terres et bois, et ce sont encore les mêmes outils qu'ils emploient à la préparation et à l'arrangement de ces matériaux. Il ne paraît pas que leur queue leur serve de truelle, comme on l'avait dit. Lorsqu'ils bâtissent sur une eau courante, ils vont couper du bois au-dessus du lieu qu'ils ont choisi, et le mettent à flot, de manière à le faire aborder au point convenable. C'est même une des raisons que l'on donne de la préférence qu'ils ont pour l'eau courante. Tous ces travaux s'exécutent la nuit, et avec une rapidité surprenante. Ils ont, en outre, des terriers le long du rivage, où ils se réfugient quand on attaque leurs huttes, et qu'ils habitent exclusivement l'été, pendant lequel ils s'éparpillent et vivent solitaires. Les femelles mettent bas, à la fin de l'hiver, deux ou trois petits, qu'elles ont portés quatre mois. Au bout de deux ans, ils ont pris leur accroissement, et la durée de leur vie ne va guère au-delà de quinze ans. Ceux que l'on trouve en Europe, le long des rivières, et qui sont connus sous le nom de bièvres, vivent toujours de la même manière. C'est probablement le voisinage de l'homme qui l'empêche de bâtir. On apprivoise aisément le castor, et on l'accoutume à vivre de matières animales; sa chair se mange, quoiqu'elle ne soit pas délicate, mais on le chasse surtout pour sa fourrure. Celle du castor social est la seule recherchée.

ÉLIE.

Mais, mon cher papa, je les trouve très-intelligents, et pas du tout au-dessous de leur réputation.

M. RICHARD.

C'est que tu n'as pas lu, dans certains livres remplis d'exagération, toutes les merveilles qu'on leur attribue; à entendre quelques écrivains, c'étaient des artistes et des architectes de premier ordre. Tout cela se borne à une intelligence et à une activité assez surprenantes pour qu'il soit inutile d'y ajouter des perfections imaginaires. Voici maintenant les petits rongeurs bien connus; ils ont des molaires qui croissent continuellement : ce sont les rongeurs herbivores. D'abord, les campagnols : ils ont, comme les rats, trois mâchelières, mais sans racines, et fermées chacune de prismes triangulaires placés alternativement sur deux lignes. On en connaît un assez grand nombre d'espèces appartenant aux deux continents; nous en citerons trois :

» Le rat d'eau, par exemple, un peu plus grand qu'un rat commun, d'un gris brun foncé, la queue de la longueur du corps; il habite le bord des eaux, et creuse les terrains marécageux pour y chercher des racines ; mais, tout rat d'eau qu'il est, il nage et plonge mal.

» Ensuite le schermans ou rat fouisseur des Alsaciens ne semble différer du rat d'eau que par sa taille un peu moindre, et par sa queue proportionnellement moins longue Il vit sous terre comme la taupe, mais surtout dans les prés élevés ; il fait des galeries et transporte la terre qu'il sort de son trou à quelque distance de l'ouverture. Ses magasins sont remplis surtout de racines, de carottes sauvages coupées en petits morceaux. Il y a aussi le campagnol ou petit rat des champs qu'on appelle mulot.

SYLVIE.

Voici les vilains rats avec leur grande queue, j'en ai bien peur.

M. RICHARD.

C'est un enfantillage dont il faut te guérir, car le rat se sauve toujours à l'approche de l'homme, qu'il ne craint pas moins que tu ne puisses le craindre toi-même. Ils sont faciles à reconnaître : ils ont la tête lourde, le corps allongé, la queue longue, conique, couverte de petites écailles. Ces animaux se nourrissent presque également de substances végétales et de matières animales en état de décomposition plus ou moins avancée. Lorsque la disette se fait sentir, ils s'attaquent entre eux, et les plus forts dévorent les autres. Les uns vivent en société, les autres solitaires. Les souris, le mulot, le surmulot, appartiennent à cet ordre.

ÉLIE.

En voici encore un bien joli avec sa queue à balai.

M. RICHARD.

Ce sont les loirs. Ils rappellent les écureuils ; ils ont le museau court et fin, la tête large, la queue touffue, mais ils sont plus bas sur jambes que l'écureuil, leur œil est grand, mais la prunelle, ronde, a la faculté de se contracter à la lumière, en un point imperceptible ; la langue est douce, l'oreille ovale, le pelage épais ; de fortes soies garnissent les côtés du museau, le dessus des yeux et le dessous de la mâchoire inférieure; ils vivent sur les arbres, se nourrissent de fruits, quelquefois d'œufs et même de petits oiseaux qu'ils prennent dans les nids. Ils se font dans le creux des arbres ou des rochers un lit de mousse où ils reposent, et où ils passent l'hiver dans un sommeil léthargique. Ils ne pourvoient que de nuit à leurs besoins.

Nous citerons parmi ces espèces que je viens de vous décrire, le loir, grand comme un rat, qui habite les forêts des parties méridionales de l'Europe. Le lérot, le muscardin et plusieurs autres moins connus sont encore de cette espèce.

SYLVIE.

Voici ceux que j'aime le mieux, les écureuils. Qu'ils sont jolis avec leur belle queue !

M. RICHARD.

Faisons connaissance avec eux. Ils ont les incisives inférieures très-comprimées ; leurs molaires sont diversement tuberculeuses ; seulement la plus antérieure des supérieures de chaque côté n'est qu'un petit tubercule qui tombe avec l'âge ; leur queue est longue et garnie de poils touffus, leur tête large ; leurs yeux sont saillants et vifs, leur langue douce. Ce sont des animaux diurnes qui vivent sur les arbres et se nourrissent de fruits ; ils se servent du membre antérieur pour porter à leur gueule.

» L'écureuil commun est connu : il est brun-roux avec des pinceaux de poils aux oreilles. Dans les contrées septentrionales, les parties rousses deviennent d'un gris doux en hiver ; son pelage forme alors la fourrure appelée petit-gris ; celle du dos se nomme vaix. Ils font leur nid sur les arbres ; ce nid est recouvert d'un toit conique. Le soir, ils sortent en sautant de branches en branches, et en poussant un sifflement assez aigu. Ils ne s'engourdissent pas pendant l'hiver, et savent prévoir la saison rigoureuse en ramassant des provisions. Ils sont jolis, gracieux; on peut les élever dans les maisons, mais ils ne donnent à ceux qui les soignent aucune marque d'attachement, et les mordent même quelquefois. Le poil de leur queue sert à faire des pinceaux, mais leur peau ne donne pas une bonne fourrure. Il est difficile de l'atteindre à la chasse; un seul chasseur ne peut y parvenir, parce qu'il a soin de tourner autour des branches d'arbres, et de les mettre entre lui et son ennemi.

ÉLIE.

Venez, Messieurs et Mesdames, voir la marmotte en vie, comme disent les petits Savoyards.

M. RICHARD.

C'est bien elle. Les marmottes sont romarquables par leur forme trapue, leur tête large et aplatie, la brièveté de leurs membres. Ce sont des animaux qui vivent en société, se creusent des terriers où ils passent l'hiver en léthargie; ils s'apprivoisent aisément. Nous citerons la marmotte des Alpes, d'un gris foncé avec le bout de la queue noir. Elle habite les montagnes alpines de l'Europe; elle se creuse sous les neiges des terriers en forme d'Y : ce sont des galeries dont les branches ont chacune une ouverture, qui aboutissent toutes deux à un cul-de-sac tapissé de mousse. Elles passent là les trois quarts de leur vie; une d'elles fait le guet, et, au moindre danger, elle avertit les autres par un coup de sifflet.

SYLVIE.

Je la recohnais bien; c'est bien elle que les petits Savoyards colportent de ville en ville, et font danser aux regards des curieux auxquels ils demandent la charité.

M. RICHARD.

Nous finirons par elles l'ordre des rongeurs, dont il serait trop long de vous donner de plus amples détails. Demain nous nous occuperons des ordres suivants; nous en avons encore plusieurs à parcourir ainsi.

TABLE MÉTHODIQUE
DES
MATIÈRES CONTENUES DANS CET OUVRAGE

TABLE

PREMIÈRE LEÇON.

LES MAMMIFÈRES. — LES RUMINANTS.

Les bœufs, l'auroch, le buffle du Cap, le bœuf musqué, le buffle ordinaire, le yak, le bison d'Amérique, le mouflon d'Afrique, le mouflon de Sardaigne, le mouflon d'Amérique, les chèvres, l'ægagre, la chèvre domestique, la chèvre de Guinée, la chèvre d'Angora, le bouquetin, le bouquetin du Caucase, les antilopes, le chamois, le gnou, le tchiccara, le furcifera, le canna, le condous, l'antilope bleue, l'antilope chevaline, l'antilope laineuse, l'antilope plongeante, le sauteur des rochers, la grimme, le guevei, la gazelle, le kevel, le dserec, le springbock, le saiga, le nanguer, la girafe, les cerfs, l'élan, le renne, le daim, le cerf commun, le cerf du Canada, celui de la Louisiane, le cerf tacheté, le chevreuil d'Europe, des Indes, de Tartarie, les chevrotains, le musc, les chameaux, le dromadaire, le chameau à deux bosses.

DEUXIEME LEÇON

LES PACHYDERMES.

Le cheval, l'âne, le zèbre, le couagga, le dauw, le tapir d'Amérique, le tapir de l'ancien continent, le rhinocéros de l'Inde, celui de Java, de Sumatra et d'Afrique, l'éléphant des Indes, celui d'Afrique, les édentés, les paresseux, les tatous, les oryctéropes, les fourmilliers, les pangolins, les rongeurs, les lièvres, le lièvre commun, le lapin, le lapin de Sibérie, le lapin d'Amérique, le lièvre d'Afrique, les porcs-épics, le porc-épic d'Italie, les castors, les rongeurs herbivores, les campagnols, le rat d'eau, le schermans, le campagnol ou petit rat des champs, les rats, les souris, le mulot, le surmulot, les loirs, le lérot, le muscardin, les écureuils, l'écureuil commun, les marmottes, les marmottes des Alpes.

BARBOU FRERES, IMPR.-LIBRAIRES.

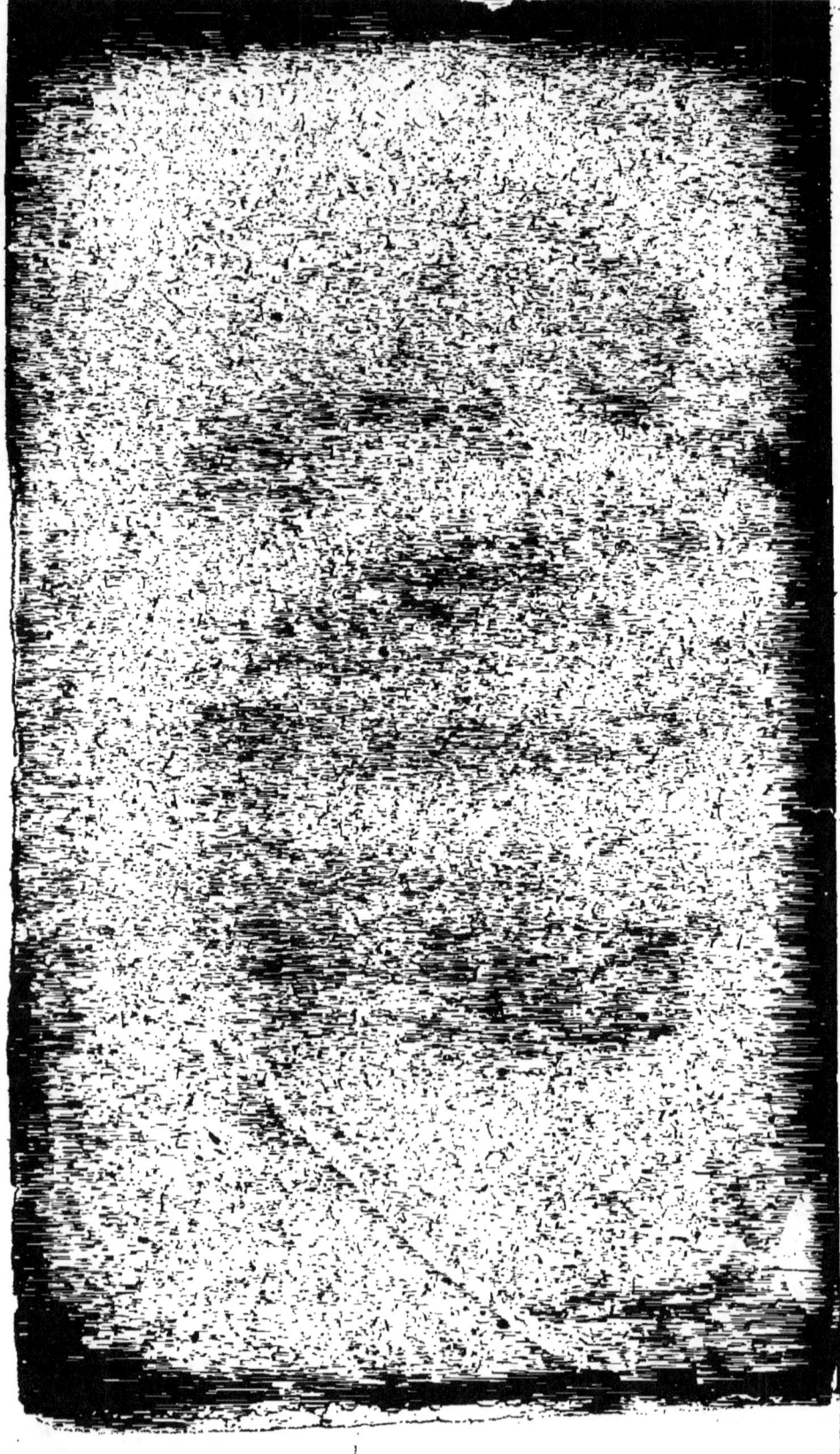

www.ingramcontent.com/pod-product-compliance
Lightning Source LLC
LaVergne TN
LVHW050556090426
835512LV00008B/1196